이화동의
바
  늘
    꽃

개정판

이화동의 바늘꽃 개정판

발행일	2025년 10월 31일
지은이	이인희
펴낸이	손형국
펴낸곳	(주)북랩
출판등록	2004. 12. 1(제2012-000051호)
주소	서울특별시 금천구 가산디지털 1로 168, 우림라이온스밸리 B동 B111호, B113~115호
홈페이지	www.book.co.kr
전화번호	(02)2026-5777 팩스 (02)3159-9637
ISBN	979-11-7224-921-2 03810 (종이책)　　979-11-7224-922-9 05810 (전자책)

잘못된 책은 구입한 곳에서 교환해드립니다.
이 책은 저작권법에 따라 보호받는 저작물이므로 무단 전재와 복제를 금합니다.
본 도서는 (주)북랩이 보유한 리코 인쇄 장비 등 자체 생산 인프라를 통해 제작되었습니다.

작가 연락처 문의 ▶ ask.book.co.kr
전용 게시판에 문의를 남기시면 저자에게 직접 전달됩니다.

(주)북랩 성공출판의 파트너
북랩 홈페이지와 SNS에서 다양한 출판 솔루션을 만나 보세요!
홈페이지 book.co.kr　•　**블로그** blog.naver.com/essaybook　•　**출판문의** text@book.co.kr
카톡채널 북랩

이인희 시집

이화동의
바늘꽃

개정판

시인의 말

지우고 다시 쓰는
삶을 돌아보고 봄처럼 피었다 가을처럼
지고

내 날들은 아프지도 슬프지도 않았다
내가 살던 세상은 저녁은 피곤했어도
아침 오면 나를 기다리는 작업들이고
한 땀 한 땀 바느질은 따뜻하게 만들어지는 옷들은

내 노동의 대가가 피는
저녁이 된다

퇴근길은 내일이라는 날이 있어서 감사하는 마음은 행복했었다

다시 나의 삶을 정비하고 정리해서 그동안
걸어왔던 길을 다듬어서 이화동 바늘꽃
개정판으로 세상에 내 보고 싶다는 생각을 했다

오래전부터 아주 오래전부터
교실이라는 공간 안에 나도 있었으면
그 안에 나도 있었으면 생각을 자주 했었다

늦은 학생 되었지만
배우고 쓰는 공부는 놓고 싶지 않다
마음이 단단해지고 흔들리지 않을 것이다

한 자 한 자 써 내려가는 내 삶은, 내 이름은
행복해질 것이다

난 웃는 걸 배운다
내 안에서 꽃이 지지 않게
오늘도.

시인의 말

목차

시인의 말   * 4

노을빛	* 14
인왕산	* 15
안부	* 16
결혼 위기	* 17
등불	* 22
사랑의 불시착	* 23
공장 냄새	* 24
바람처럼 살고 싶다	* 26
하늘보다 비싼 친구	* 27
인왕산의 사계	* 29
감사	* 31
희망	* 33
돈	* 34
헤어짐	* 35
정리	* 37
차가운 겨울 앞에서	* 39
동아줄	* 40
1초	* 41

장례식장에서	* 42
풀	* 43
구름처럼	* 44
비밀	* 45
두통	* 46
신발	* 48
초심	* 49
시기심	* 52
능력이란	* 54
여행지에서	* 55
사는 방식	* 56
약속	* 58
전화번호 삭제	* 60
사랑은	* 62
산새가 노래를 부른다	* 64
거짓 인사	* 66
친구는 빛이라고 말하고 싶다	* 67
다시 글을 쓰기로 했다	* 69
들꽃	* 71
말의 선	* 73
매실 꽃 이야기	* 74
보이지 않는 인간	* 75

신용회복위원회	* 77
중년의 봄	* 80
길	* 81
엄마의 울음소리	* 82
기나긴 여행을 떠났다	* 83
그리운 내 아버지	* 84
이별 연습	* 86
가시	* 88
기본교육	* 89
성격	* 91
말은 꽃이다	* 92
소풍	* 93
혼자 걷는 길	* 97
멈추지 마라	* 99
도토리	* 102
투명	* 103
춤을 추는 가을	* 104
산책 길에서	* 105
인왕산 겨울	* 107
11월의 생일날에	* 109
집으로 가는 길	* 111
쉬고 싶다	* 113

내 어머니와 막걸리	* 115
비가 내린다	* 116
아들과의 잠시 이별	* 118
마음속에 호수	* 121
약속	* 123
새벽별	* 124
가을비 내리는 날	* 125
박꽃	* 126
혼자였다	* 127
노을 속을 걷는다	* 128
상처	* 129
그러지 말아요	* 130
선물	* 131
빚은 내 가슴에	* 132
기다리는 연인	* 133
동화 속 주인공을 만났다	* 134
내 작업장에도 봄은 오고	* 136
노부부의 봄	* 137
어린 시절 풍경	* 138
진달래꽃	* 140
유채꽃 필 무렵	* 141
열한 살, 4월의 봄	* 142

시간이 멈추었다	* 144
삶도 저 배처럼	* 146
내 어린 시절	* 147
불안정한 내 삶	* 150
귀여운 할머니 수다	* 152
환한 꽃을 들고	* 154
내 세상은 내가 만든다	* 156
선물	* 160
새해를 맞이하며	* 162
우울증	* 163
파란 하늘	* 165
아무 생각하지 말고	* 166
나는 이렇게 살고 싶다	* 167
버스 안에서 창밖을 보며	* 168
겨울새	* 169
나는 꽃이 아니었어	* 170
그해 가을은 겨울이었다	* 171
정상을 바라보며	* 173
노동	* 174
다람쥐	* 175
선	* 176
부부 싸움	* 177

봄 안에서	* 178
찔레꽃	* 179
이만 원	* 180
정전	* 182
불면증	* 184
아쉬움	* 185
휴식	* 187
내 발자국	* 188
겨울 풍경	* 189
부암동에서	* 190
아기 꽃망울	* 191
새벽 산책길에서	* 192
내 어린 삶은 가난했다	* 193
하루의 시작	* 195
봄	* 196
내 생에 가장 행복한 날에	* 197
틀 안에서	* 199
목련이 피었다	* 200
눈사람	* 201
나만의 시간	* 202
내 작업장은	* 203
토요일 저녁에	* 204

치자꽃	* 205
퇴근길 남편에게	* 207
신촌 극장에서	* 208
자격지심	* 209
휴식	* 210
버스를 타러 달려온 소녀를 보면서	* 211
퇴근길에서	* 212
야생화	* 213
참새들의 합창	* 214
새벽 풍경	* 215
산다는 것은 여행이다	* 216
그해, 그 겨울	* 217

삶은 결국 바느질과 같아서, 끊어진 자리마다
다시 실을 꿰어야 살아진다는 것을.
우리 모두의 마음 속에 작지만 단단한 '바늘꽃'을 피워낸다.

노을빛

언제가 퇴근길 버스 안에서
하늘 보고

구름이 어찌나 예쁜지

저 구름 밟고 걷고 싶다
그런 생각을 했지

하늘에 떠 있는 구름과 노을빛
구름을 밟고 가 노을빛 등불 삼아
저곳을 한 번 가 볼까

그곳에 내 부모님 계실까
그곳은 어둠을 밝히는 노을빛이
등불이 되는 건가…

인왕산

높은 곳에서
아래를 내려다보니
내가 걸어오던 길은 보이지 않고

나와 상관없이 하늘만 푸르고
힘겹게 걸어온 나는
숨 고르기를 하고 있다.

안부

반가운 연락이었지만
조금은 조심스러웠다
선물도 조심스러웠다

내 손에서 벗어나면 그것은 내 것이 아니다
선물은 계산하면 안 된다

난
오늘 선물을 거절했다
다시 또 선물은 돌아가야 하니까

오랜만에 연락은 부담스럽다

건강하고 평온하게 살면 그것이 선물인 것이다

또 편하게 볼 수 있는 친구 지인 형제
두고두고 그리움이 되었음을 기도한다.

결혼 위기

사랑이라는 것이 때론 미울 수도 있고
때론 아파도 견디면서 함께하는 것이
사랑인가 보다

가슴이 뛰게 했던
이 사랑이 영원히 변하지 않을 거라고 그럴 거라고 생각을 했었다

그러나 살다 보면 조금씩 변하는 것도
자연의 섭리처럼 흘러가는 거니까
바쁘게 살다 보니 각방은 필수처럼 쓰고 살았다

그러다 보니 조금씩 몸이 멀어지고
마음도 멀어지고
나도 그냥 그냥 친구처럼 살고 있었다

나이가 들어도 성생활이 부부의 관계를 오래도록 유지해 주

는 거라는 걸 알고 있지만
현실은 그러지 못했다
미안한 마음도 있지만 예전에 잔잔한
부부 싸움을 자주 했었다

결혼 30년 되는 날부터 약간 위기도 있었다

그 이후로
우리 부부는 하루가 멀다고 싸우고
입에 담지 못할 말들 혼자 울기도 많이 했다

한번은 퇴근하다 말고 다시 작업장으로 돌아
책 문제로 구박할 때 나는 아무 말도 하지 못하고
미안해 미안해 이 말밖에 하지 못했다

첫 번째 시집은 내가 조금 모아놓은 돈으로 내고 두 번째 시집은 딸아이의 돈으로 냈다

남편은 그동안 묻지 않았지만 마음속에 두고두고 있었나 보다

늦은 나이에 글을 쓴다는 것은 그리 화날 일도 아닌 것 같은데

코로나 인해 경제 사정이 좋지 않다 보니 자꾸 화가 나나 보았나 보다
이런 상황이다 보니

마음이 점점 멀어지고 소홀해졌다
집도 팔아 버리고 임대비도 반으로
낮추고 월세는 5만으로 더 올리고
공장 세는 다달이 내야 하고 수입은 없고

어디에다 마음 붙일 곳 없는 남편은 내게 화낼 만도 하겠지만
이런 상황들을 책 냈다고 퍼붓는 것은 나도 속상하고 힘들었다

세상 돌아가는 것이 내가 만든 것도 아닌데
만만한 상대처럼 차가운 눈빛 쌀쌀한 말투는 나를 힘들게 했다

그러다가 나도 참다가 화가 나서 큰소리로 남편에게 욕도 해 버렸다
남편은 화가 나서 라디오를 던지고 마네킹을 던지고 손에 들고 있는 핸드폰을 던지고 버리고 책상 의자에 앉아 담배만 피우고 마을을 가다듬고
밖으로 나가 버렸다

이런 생활이 한참을 간다
이혼을 해야 하나 아니면 내가 집에서 나와야 하나

어느 정도 분위기가 조용해질 때 남편이 이혼하자고 했다

그래서
나도 그래 그랬다

집 전세 빼고 반반으로 나누고 너 하고 싶은 대로 하고 살아

그래서 알았어 하고
그렇게 마음을 먹었다

시간 좀 지나고
조금은 부드러워진 환경 되자
남편에게 조금만 기다려 보다가
지금 일거리가 들어오고 하니 열심히 하다 보며 나와지겠지

나는 남편을 설득하고
미싱을 밟기 시작했다

서툴었던 바느질 솜씨가 제법 좋아져서
옷이 예쁘게 잘 왔다고 칭찬도 받고
남편에게서 그럭저럭 잘 지나갔다

순간 화난다고
성질대로 살면 그 뒤에 남아있는 내 아이들은 다른 환경에서 살면서 부모들의
문제로 인해 많이 아플 것 같아
내가 죽자 이렇게 마음을 먹었다

책 문제는 지금도 남편은 싫어하고 있지만 그래도 글은 계속 쓰고 싶다

그해 늦은 가을은 겨울처럼 추웠지만
따뜻해지는 봄날이 오겠지.

등불

어느 날
그림이 예뻐서 그 속으로 들어갔는데

그 속에서는
내가 보이지 않고
알 수 없는 길들만

그 속에서는
내 길을 찾기가 힘들었고
다시
돌아오는 길은 어두웠지만
그래도
작은 등불은
내게 길을 열어 주었다.

사랑의 불시착

만날 수 없는 연주곡 앞에서 시 하나가
슬프게 내린다

하늘에서 눈이 내린다
만나기도 전에 놓아 버렸다

야속한 약속은 기다려주지 않았다

연주곡 앞에서 눈이 내린다
눈은 녹아내려 버렸고
그날은 지나가 버렸고

다시는 그날은 없고
그날은 오지 않았고
다 지나가는 것은 추억일 뿐이다.

공장 냄새

작업장 문을 열고 드려 서면
묶은 먼지 냄새
싱싱한 원단 냄새

창문을 열면 신선한 아침 바람
내 하루가 참 좋다
육체노동은 살고 있음을 느끼게 한다

옷은 계절을 만드는 꽃이다
사계절은 내가 먼저 만든다

내 직업은 옷을 만드는 바느질쟁이
직업을 사랑하지 않으면 피곤해지고
지루하고 사는 게 힘이 들 수가 있다

내 직업을 사랑하면
삶이 즐거워지는 것이다

난 세상이 행복해졌으면 좋겠다
즐거운 수명은 길면 길수록 연장되는 것이다

행복은 내가 만드는 것이다.

바람처럼 살고 싶다

저게 하늘인가
바다인가

하늘이면
하얀 벚꽃 그려 놓고
봄나들이하고

저 하늘이
바다면

작은 배 하나 띄우고
하늘에 벚꽃 그림 보면서

바람처럼 살고 싶다.

하늘보다 비싼 친구

진실한 친구 하나 얻는 것은 하늘에서
별 하나 따기보다 더 힘든 일이다

살다 보면 이런 이 저런 이 일들이 많다
다 소화하고 속이 편하면 좋겠지만
그렇지가 않다

허물없는 사람이 어디 있고
상처 없는 사람이 어디 있으면
티 하나 없는 사람이 어디 있으랴

친구라는 것은
이불 같고 우산 같고 따뜻한 봄날 같은 사람이 아닐까

같이 밥 먹고 술 마시고 노래하고
그렇게 행복한 시간을 보내고

저녁이 지나고 아침이 오면 변한다
어둠을 벗어나 아침을 좋아한다

수많은 사람의 시간을 다 알 수는 없다
굳이 알 필요도 없지만

달달한 잔은 놓지 않는다
돈이 많은 사람은 어딜 가도 빛이 나고
주머니가 가난한 사람은 뒤로 물러서게 된다

어쩌다 재주 하나가 빛을 볼 것 같으면
가면을 쓴다

사랑의 먹이 사슬로 둔갑한다.

인왕산의 사계

나에게도
나를 아는 모든 분에게
감사의 마음을 전한다

답답해서
힘들어하는 나를
토닥토닥 어루만지고
괜찮아 괜찮아하면서
나를 안아주었다

힘들어도
마음이 시키는 대로 마음 따라
봄여름 가을 겨울을 찾아갔다

그곳은
시들의 공간이었다
내 마음이

행복해지는 공간이었다
어쩌면
이렇게 힘든 시간에서
더 많은 재산을 얻고 있었던 것인지도
모르지

그동안
삶이 힘들어
잃은 게 많았다고 생각했던
나에게 이 시간이
나를 찾고 있었던 과정이었던 거지

감사하는 마음을 전한다.

감사

공과금 영수증이 경고를 한다
능력이 밑바닥을 보이고 있었다

어떻게든 살아보자
버티고 있었다

그래도 짧은 봄은 오고

봄바람은 내 마음을 알았나
봄꽃이 피고 있었다

꽃 시장 골목길 끝에서
봄 향기가 유혹한다

향기 따라가는 길

길을 막아버렸다

그래
그래도 잠깐의 봄을 느끼고
다시 길을 걷는다

희망을 안고

봉제공장은 늘 삶이 불안하다.

희망

세상을 아름답게 보는 눈
세상을 긍정적으로 보는 눈

내가
감당하지도 못할 만큼 짐을 주워도
해결할 수 있는 힘

무거운 길 걷다가
주저앉지 않게 해주세요.

돈

내 순수한 마음은 조금씩 변해가고
계산하는 마음이 시작되고 그렇게 나도 변해간다

세상은 돈 없이 변하지 않는다
사람과 사람이 사이에는 돈이라는 것이
멀어지게도 하고 가깝게 하게도 한다

먹고살고 더 삶을 윤택하게 하는 돈은
행복을 만들어 준다

돈이 생명이다
돈이 인연이다.

헤어짐

처음 이 세계는 신비하고 가슴 따뜻하게 늦겠지만

시간이 지날수록 계산이 따라다니고 순진한 사람 이용해서 뭐라도 받고 싶었던 걸 알게 되었다

그래도
밥 한 끼 두끼는 사줄 수 있는 돈은 있지만

돈을 빌려달라는 말
무시하듯 던지는 말
밥 사주고 욕먹고 못 배웠다고 공석에서 무시당하고 세상 물정 모른다고 내게 던졌던 말들

그래도 기분 상하지 않으려고 애쓰고 다시 인연을 이어가고 싶었지만
그 사람들의 언행은 그대로였다
때론 선을 넘는 말들 그냥 참기에는 힘들었다

어딜 가든 사람 모이는 곳은 시기 질투
꼭 있다

다 돈으로 사람과 사람은 연결 고리가 되어 있었다
당연할 수도 있겠지만

말의 선에는 마음이 상할 뿐이다

친절은 곧 독이 되어 돌아오는 걸 알았다

사람을 많이 알고 지내려면 독해야
한 조직에서 살 수 있다는 걸 알게되고
순진한 마음은 상처받기 딱 좋은 공간이었다

난 늘 혼자 노는 걸 좋아했고 혼자서 카페 가는 것도 좋아했다

문단 생활은 전부 돈이었다

가난한 사람은 들어갈 수 없는 곳이었다.

정리

순진한 마음은 선한 정을 믿었고
따뜻하게 전해지는 글은 미소 짓게 했고

가끔 함께했던 식사는 믿음을 주게 한다
다가가면 갈수록 멀어지는 마음은 순하지 않았다

하나둘
둘
셋

다정한 글은 혼자만의 자유였다
그러나 뒤에 숨어 있는 마음을 보게 되었다
진실 하나는 오래가지 못했고

돌아서는 것은 이유가 있는 것이다
믿음이 멈추고 다가서지 않는 것은
숨어 있는 마음을 보았기 때문이다

그래서 정리가 필요했던 것이었다
그러나 또 살아야 한다
현실이니까

이 어둠 속에서 춤을 추는
내 영혼의 빛을 보았다

광화문 광장에서

차가운 겨울 앞에서

대단한 용기가 필요해야
거친 세상을 나갈 수가 있나 보다

당당한 그 여자는 무서울 게 없는 힘을
갖고 있는듯해 보였다

자신감인가

그러나
눈 내리는 쓸쓸한
겨울밤 마음을 내려놓은 걸 느꼈다
따뜻한 차 한 잔을 앞에 놓고.

동아줄

반딧불 하나
지푸라기 하나
아슬한 길

작은 반딧불은 어두운 곳에서
빛이 되고
지푸라기는
연결고리가 된다

부족함이 없다
빛은 서서히 밝아지고
지푸라기 약한 끝을
더 강하게 만들어 더해 준다

썩은 동아줄은 마지막까지 줄이 되어 준다.

1초

너
나에게
힐링이었어

24시간에서
1분도 아니
1초

그 순간
나를 웃게 하는 1초

24시에서
1초만 기억한다.

장례식장에서

노을이 지는 강변
노을빛이 강변에 잠이 들 때
작은 배 하나
서성이고

죽은
영혼을 기다린다
노을빛은 떠나지 못하고

점점 저녁을 밝게 빛이 났었다
맑은 영혼을 기다린다

풀

그만 많은 사람 죽어 죽어
산이 되고
풀이 되고

그래서
풀 향기가 되었을까

이제는
중독이 되어 버렸어

풀 향기에게.

구름처럼

너는 아니
저 하늘에 누가 그림을 예쁘게
그리고 있는지

바람이 지나가는
길에
그려놓고 가는 거야

지금도
바람이 그리고 있지
아주 조금씩 틀리게

그래서
똑같은 그림은 없는 거지
저 구름처럼.

비밀

사직동
구름다리
선술집은 토요일이다

선술집에 앉아있는 사람들
너도 취하고
나도 취하고
토요일은 취한다

지금
밖에 내리는 비는
토요일 저녁을
술에 취한 사람들 말
조용히 막아 준다
아무도 들리지 않게.

두통

하루에 한 알씩 두통약을 먹고
열을 내린다

아침이 되면 다시 찾아오는 두통
이유 없이 찾아온다
무슨 말을 하고 싶은 걸까
가슴은 답답하고
머리는 열이 났나

그렇게
두통과 싸워야 했다

언제부터 마음을 비우고
머리를 비우고 바쁘게 살고
나를 놓고 하루하루 힘들게 하고 열심히도 살았다

두통은 자꾸 머릿속에 뭘 채우고
집착인 것 같았다

어느 날 두통은 찾아오지 않았고
답답한 가슴도 느낌이 없었다
거울 속에서는 웃고 있는 나를 보았다
두통은 내가 부르는 것이었다.

신발

아침 되면 어디로 갈까
너도 궁금하게 지만
나도 오늘을 모른단다
어제처럼 걷다가
멈출 수도 있고
돌아올 수도 있단다
하지만 조금 피곤한 삶을 살아도
너는 항상 내 발이 되어
나를 버티게 해주는 신발이었지
끝까지 나를 지켜주는 신발
내가 어딜 가든
돌아오든
집 현관 입구까지 나를 편하게 데려다
주는 신발이지.

초심

모른 척하고 계속 그 길을 걸어야 했을까
더 가야 한다면 모른척할 수가 없었던 거지
틀렸다 아니다
그런 문제가 아니다

비록 풍경과 비교할 수가 없지만
어느 누구나 처음 시작은 서툴다는 것을
하나 보고 둘을 보고 그러다 보면 느낌으로 행동으로 알 수가 있는 것을 모든 게 상대적이다

어떻게 해야 할지 관계가 지속적으로 이루어지는 것을
좋은 사람 나쁜 사람은 없다

다 내가 만들어 가는 것이다
물질이 오고 가고 정이 오고 가고 서로가 알아가는 과정에서
보이지 않았던 게 보이고

행동과 말이 거칠어지고 이것은 본성일지도 모른다 그러다가
선에서 벗어나는 말도 나오고 나이가 적든 많든

존댓말은 그 사람의 선인 것이다 아무리 만만하다고 함부로
대화고 거친 말투는 고칠 수가 없나 보다

사람이 좋아 그 환경이 좋아 내 생각만 하고
다가갔던 거 내가 생각이 많이 부족하고 세상 흐름도 모르고
서툰 글 하나 가지고
세상 밖에 나오고 보니 만만치가 않았다

그러나 그 속에서도 좋은 사람은 많았다
내가 먼저 연락하고 내 환경과 다른 사람들은 신세계에서 사는
것처럼 보였고 그런 사람들을 알아가는 과정이 행복했었다

그렇게 내 이야기 글을 쓰면서 다가갔지만
많이도 부족한 내 성격은 어쩔 수가 없다
많은 것을 생각하게 됐고

다시 처음처럼 내 자리로 돌아와 예전처럼
바쁘게 살고 있다

어쩌면 하늘님 다시 뒤를 돌아보고 쉬어가라고 말을 하는 것 같아
글도 잠시 놓고 사람이 좋아하고 자연을 좋아하는 나는 다시 그렇게 살면서
나를 보게 되었다

그래도 감사하고 고마울 뿐이다

늦은 퇴근길 장대 같은 비 가리고
내 집으로 가는 차을 기다리고 있다
그래 이렇게 사는 거지
삶이란

검정색 우산을 쓰고 내리는 빗방울이
뚝뚝 떨어지는 소리에

내 아버지 생각한다.

시기심

사람이 왜 떠날까
너에게 묻고 싶다

아무 상관도 없는 바람 같은 것이
모질게도 독한 것 때문에

한동안
길을 잃어버렸다

그래
죽자 죽어버리자 했지만

그러나
저 바람 같은 것은 당당하게
나를 죽이려고 하는데

왜
내가 죽어야 하지
난
더 살고 싶었다

너도 나도
그리고 모두가 바람처럼 사는 것이다.

능력이란

마음이 건강하고
정신이 건강하면 무엇이든 할 수가 있다

긍정적인 변화는 환경이 달라진다

버스 뒷좌석에 앉아 멀리 보는 것은
나를 바라보는 것 같았다

내 하루가 막이 힘없이 달리고 있다
모든 생각이 건강해진다.

출근버스 안에서

여행지에서

어느새 내 길이 단단해지고
편안한 길을 걷고 있는 것이었다

함께 걷는 사람들은 따뜻한 바람 같은 숲이었다

내 작은 여행은 바다가 보이고
끝이 없는 길이 보이고

다시 아침이 오고

난 지금 사랑을 하고 있다
내가 걷고 있는 이 길을…

사는 방식

법을 알아야
세상살이 수월하고 사람을 잘 알아야
다치지 않는 세상

너는 옆에서 도와주는 사람이 없냐고 물어본다
나 혼자도 잘 걸어갈 거라고 대답을 했다

한동안 어두운 그림자들을 보았지만
빛이 밝아지니 살아지고
돌아서 가다 보니 길이란 또 있고

모든 관계는 혼자 만들어 가는 게 아니다
더불어 사는 세상이다

좁은 공간에서 살다 보니
사람들과의 소통이나 함께할 시간이 없었다

아니
부족해서 또 다른 세계는 생각하고 살지 않았다

노년의 길에서 만난 사람들은
가슴에 시라는 꽃을 피우고 있었다

시라는 단어는
그래도 소통을 할 수 있었다
조금씩 달라지는 세상은 행운이 었다

나도 문학을 공부할 수 있는 것에
감사했다

그 속에서는
신뢰라는 게 있어야
그래야 모든 관계는 평온할 수가 있다.

약속

남겨놓은 그림자는 바쁘게 사는 것
같아 보이지만
똑같은 하루는 크고 작고가 아니었다

가난한 것도 아니고 부자도 아니고
분명한 것은 잘 살았다
멈추지 않고 버리지 않고 더 걸을 수 있는 길이 있다는 것은
부자다

밤새 이런저런 생각에 새벽에 잠든 나는 또 아침이 오고 있었다

그래도 할 수 있는 내 손끝에 있는 능력 건강한 마음이 있어
좋다

오늘은 내 작은 아이에게 예쁜 베갯잇 덮개를 만들어 줘야겠다
선물은 정성이다
휴가 중에 밀린 숙제를 풀어야겠다

넌
사는 것이 무엇이라고 생각하니

난
약속이라고 생각해 내게 주어진 시간은
다 내 것이니…

전화번호 삭제

전화번호를 다 삭제해 버렸다
한동안 사람들이 싫어서 연락하고 싶지
않아서다

어느 날 지인에게서 전화가 왔다

여보세요?

언니 내 번호 삭제했어요?

네에?

왜요?

사람들이 싫어서 다 삭제해 버렸어요?

사람들에게 상처를 받았군요
한 번쯤은 다 그래요
그럼 나보다 한참 어린 지인이 훨씬 일찍 더 받았단 말인가

그 이후
나는 일부러 안부 전화를 하지 않는다
전화번호를 찾아가면서까지는

그 지인에게도 내가 민폐가 될 수 있겠구나 생각도 하게 되고
사람들과 거리 두기를 시작했다

친하게 지내지 말아야 할 사람 관계는
실례가 될 수도 있으니까.

사랑은

사랑은 힘이 들고 아픕니다
참아주고 기다려주고 떠나지 않는 게
사랑입니다

다리가 아파도 허리가 아파도 밥상을 차려 주어야 합니다

점심을 차려 주고 저녁은 아직 오지도 않았는데
저녁 찬거리를 생각합니다

그것도 일을 하면서 해도 해도 끝이 없는 사랑은 부지런해야
합니다

그 사랑이 이제는 아픈가 봅니다
병원도 같이 가고 검사받을 때 이리저리 따라다녀야 합니다

사랑은 보호자가 되고 약값도 내줘야 합니다
혹시나
식사 끝나고 나면

당신 약 먹었어?

응!

그 대답이 아내를 사랑한다는 말입니다
사랑 죽는 날까지 함께합니다.

산새가 노래를 부른다

그날은 영원할 것 같아도
변하는 게 계절이라
어쩌면 너는 그랬을 거야
봄날을 만났지만 영원한 봄이 없다는 걸 알았지

순수하지도 순진하지도 않은 시골스러운 모습

그러나
꽃은 참 예쁘게 피었지만

한참은 외로웠다
무얼 잃어버린 것처럼 돌아오지도
찾아갈 수도 없었지만
기다리고 있었다
봄을

그러나
다시 길을 걸었었다
생각이란 힘이 되었고 다시 처음처럼
걷고 있었다

이제는 걷는 길이 아프지 말아야 해.

거짓 인사

그들은 글보다 돈이 먼저였고
저자는 갈 길을 잃었다

부족한 생활 교육
이런 문제는 걸림돌이었다

글은
사람이 아름답다고 쓰여있고
소통의 공간은 열려 있다고 쓰여 있지만
막상 들어가 보면 장애는 꼭 있었다

세상은 글처럼 따뜻하지는 않았다
다 말장난이었다

돈이 인사고 돈이 친절한 세상이었다
머뭇거렸던 마음도 이제는 돈을 이해했다

그러나 내 것이 아닌 것은 빼앗으면 안 된다.

친구는 빛이라고 말하고 싶다

환경도 다르고 교육도 차이가 나고

그런데
왜 가끔 나를 찾을까
깊게 생각해 본 적은 없었다
그냥 그 친구를 만나면 계산이 없었다
돈 환경 교육도

그래서 만나면 편했다

깊이 들어가지 않아서다

삶이라는 속에서 계산 환경이 교육 함께 하면
친구가 될 수가 없다

그 친구도
나도

함께 사는 세상을 현실을 서로 존중해 줄 뿐이다
안산 숲속 길은 장마가 있었지만
그 친구와 나는 시원한 바람이었다

안산휴게소를 도착했을 때
장맛비가 내리기 시작했었다
삶은 이런 건가 보다.

다시 글을 쓰기로 했다

손가락을 묶어 버렸다
아무것도 하고 싶지 않아서다
정신이 멈춰 버리고 그저 하늘만 바라본다

곧 비가 내릴 것 같아
얼굴이 하나가 어두워진다
비바람이 불어온다
아 그렇지 장마가 오고 있구나

내가 지금 장마인가 보다
비가 내린단다

안고 있는 무거운 짐을 내려놓고 싶은가 보구나
하늘도

묶어놓은 손가락을 풀어야겠다

우산을 쓰고 다시 밖으로 나가야겠다
내 장마가 끝이 나고
곧 가을꽃이 필 것이다.

들꽃

내가 경험한 세상은 사랑이 없었다
다 돈을 사랑했다

내가 본 세상은 사람은 돈의 노예로 살고 있었다

내가 본 세상은
나도 그 속에서 돈 예 노예로 살고 있었다

벗어나고 싶었다
큰 세상은 내가 걷기에 다리만 아플 뿐이었다

내 기술 재능 이것만으로도
내 세상은 아름답다
옷을 만들고 글을 쓰면서 소소한 일상이 있다는 것만으로 감사하다
난 이렇게 살아가야겠다

들에 핀 꽃은 웃지 않는다
내가 웃고 있어서 그렇게 보이는 것이다:

말의 선

사랑아 내 사랑아
더 이상 말하지 마라

네가 아프게 말하면 난 갈 곳이 없단다
말을 아프게 던지지 마라

고개를 숙이고 미싱 바늘만
쳐다보고 박음질 선히 예쁘게 지나가게 미싱 발판을 밟고 쳐다보고 있잖아

말이 아프면 순간 우울하지만
박음질이 선이 사선이 되면
다시 뜨고 박음을 해야 하잖아

옷은 그렇게 예쁘게 만들어지지만

말이 아프면 밀의 선이 틀어진단다.

매실 꽃 이야기

뚝뚝 떨어지는
봄
한 잎 두 잎

늙은 할머니 손끝에서 다시 매실 벚꽃이 피고 있다

한 잎 두 잎

떨어진 봄을 항아리 안에 가득 담는다
두고두고 먹으려고
봄을
향기를.

보이지 않는 인간

따뜻한 인연은 보이지 않았고
불신만 가득한 한 줄기 연줄
허상일 뿐이었다

한동안 꽃처럼 예뻤던 글들은 시들어버리고

그 꽃 이름마저도 지워져 버렸다
향기는 남아 있을까 그것마저도 가을바람이 삼 켜 버렸다

아쉬운 듯 서성거리다
첫눈이 내리고서야

아~

그때가 봄이었구나
누구나 시든 꽃을 안고 사는가 보구나

아

죽고 나서 그때가 아름다웠고 말할 수 있는가 보구나.

신용회복위원회

난
신용위원회 회복 중이다
조금씩 신용을 회복하고 있다
그렇게 쪼이는 생활은 아니지만

마음이 따뜻해지는 곳에는
작은 마음이나마 주고 었다

넉넉해서 기부하는 것이 아니라
함께 살고 싶어서다

신용회복의원 그동안 38만 원 매달 보내고 있다

오늘
문자 메시지가 왔다
그동안 금액보다 더 보낸 돈을 계산해서 보냈다

공돈 같아서 기분이 행복했었다
지난 코로나로 힘들 때 신용회복위원에 신세를 졌다

4년 전
접수를 끝내고 밖으로 나올 때
한 달 두 달은
마음이 편하겠다 하늘 보고 웃고 고맙습니다 인사를 했습니다

난
그 건물 앞에서 잠시 걷던 길을 멈추고
하늘을 바라보았다
내 불안한 마음을 시원한 바람이 데리고 갔다

오른쪽은 광화문 가는 길
왼쪽은 시청가는 길

광화문 그 길 따라 가면 내 집이 있는 길

무거운 짐이 어깨에 지고있어도
집으로 가는 길은
하나도 무겁지 않다

내려놓고 쉴 수 있는 내 집은 천국이니까
가족은 신이 주신 선물이니까.

진실한 계산은 사람을 믿게 한다.

중년의 봄

서촌의 봄은 좁은 골목길로 들어온다
어느 주점 카페에는 중년의 봄이 잔잔하게
취해간다

해맑게 웃는 꽃 같은 얼굴은 늘 봄처럼 살아온 것 같아
와인 한 잔에도 행복해하는 중년의 봄을 담고 싶다

벌써 분홍색의 진달래꽃
개나리꽃이 피어 있었다.

길

나를 안고
뒤로 돌아서서

다시
내 길을 걸어 봐야지

퇴근길
보도 블록 사각형 네모 안에
내 발을 뒤로
한 발 한 발 걷는다

선을 넘지 않으려고 사뿐사뿐 걸어간다

선은 절대 없어
길은 자유롭게 걸으라고
있는 기아.

엄마의 울음소리

아침 되면
아이들은 학교로
나는 어린 동생 업고
아이들 학교 가는 모습을 바라보곤 했다
그때
나는 왜
학교에 가고 싶다고 말하지 않았을까
공부하고 싶단 말을 하지 않았을까
호스피스 병동에 있을 때
나는 물어보고 싶었다
엄마는 3일 동안 우셨는데
마음이 아파서 우냐고
나한테 미안해 그러냐고
물어보고 싶었지만
엄마 울음소리만 듣고 있었다
고생만 하시고 돌아가신
내 어머니.

기나긴 여행을 떠났다

가실 때는 한 평도 안 되는 관에 뉘어
어디로 가는 줄도 모르고
그저 긴 여행을 떠날 준비를 한다

가슴에 담지도 못할 짐들을
풀지도 못하고
기나긴 여행을 떠났다

하얀 꽃 가슴 가득 안고
향기 맞으며
사뿐사뿐 가소.

그리운 내 아버지

설날이 돌아오면 생각이 난다

내 아버지는
긴 시간 낯선 세상에서 혼자 살다가
설날 아침에 따뜻한 떡국 한 그릇도
못 드시고
엄마가 계신 곳으로 가셨다

뱃길 끊어져서 가지 못해 가슴만 치고
새벽이 되어서 선착장으로 갔다
배을 타고 두 시간 남편 차를 타고 한 시간 점심 전 도착했다

장례식장 입구에는
내 작은딸 이제 왔구나

당신 장례식에서
당신이 조문하고 있었다
마지막 인사도 못 하고
나를 기다리다
엄마 손짓에 갔구나

난
해줄 게 아무것도 없었다

해줄 수 있는 것
영혼 없는 가슴에
하얀 국화꽃 한 송이였다.

이별 연습

기억에서 멀어져 버린
친정아버지가 계시는 곳에
고속버스를 타고 광주 요양병원으로
행했다

보석처럼 반짝반짝 빛나는 아버지 얼굴
웃는 모습은 애기 같아

잘 있었어
애앵애앵
하고 웃으신다

오토바이 운전사고로
생긴 이마의 상처는 세월 따라 희미해지고

손을 내밀며 사랑보다 먹을 것을 찾는다
애기가 되어 버린 아버지

요거트를 먹여주고 두유를 손에 쥐어 준다

내가 당신의 작은딸이라는 걸 알까

잠시만이라도 아버지 기억이
나를 알아봤으면

매번 오는 길 혼자 기억하고 혼자서 슬프다

아버지는 졸립다 하고 눈을 감는다
이 순간 추억과 먹먹한 가슴을 보자기에 싸서 묶고
내 가슴에 안고 깨기 전에 가야지

15년 동안에 당신을 잃어버리고 배고픈 가슴 안고 살고 계시는
내 아버지

돌아오는 발길은 이별 연습을 하는 것 같아
마음이 아프고 눈물만 흘린다.

가시

물 위를 날다
어떻게 그물에 걸려 세상 밖에 나오고 보니
눈이 부서 살 수가 없어
눈을 감아 버렸다
도마 위에
갈기갈기 찢어져서
속살이 다 보이고
아픔은
하늘이 가지고 간다
살기 위해서 얼마나 몸부림쳤을까
가슴을 찌르고 상처 패인 흔적
가시가
여기저기 뿌리처럼 이어지고
그때마다 얼마나 아팠을까
가시는
삶의 흔적이다.

기본교육

비가 얼마만큼 내릴 건가
장마는 조금 걱정되는 비다
사람도 장맛비를 맞고 무너질 때가 있다

그러나 죽지 않고 다시 살 수 있는 것은
바람 한 줌 불 때마다
인생이라는 꽃은 피기 시작하고
나비도 날아와야 봄을 맞이할 수 있는 날이 찾아온다

순탄한 세상을 살면 좋겠지만
어디 마음 먹은 대로 되는 게 있던가

첫사랑 같은 사람을 만나 예쁜 아이 낳고 예쁘게 살고 행복
해지고 싶다는 생각은 누구나 한 번쯤 하지 않았을까

그렇게 작은 꿈도 좀 더 큰 꿈들도 안고 사는 것 같아

인생에 60선에 서고 보니 사는 것이 전쟁 같아도
한 번쯤 살아볼 만한 세상이다

기본교육도 부족한 나였지만 세상 밖을 나올 수 있는 것은
자신감이었지

그리고 내 아버지가 늘 내게 대답을 시원하게 하고 눈을 똑바로 처다보고
말을 하라고 했던 그 말은 나를 주저앉게 하지 않았다

내 아버지 사랑은 학교 교육보다
인간이 갖추고 살 기본 교육을 내게 가르쳐 준 것이었다

아버지라는 힘은 사랑이다.

성격

나라는 사람이 어떻게 든 잘 버틴 것은
무식함이었다
모르면 모른다고 말을 하고
아는 것은 최대한 성의가 있는 대로 말을 했고
사람을 함부로 미워하지 않았다
좋은 말은 잊지 않고
서운한 말은 흘려보내고
아픈 말은 고쳐 보려고 노력했다
사람들을 사랑하는 방법을 몰라도
사람들을 미워하지는 않았다
내 모자라는 성격 때문에 벽이 있었을 뿐
감사합니다 고맙다는 단어는 이해를 한다
풍족하지 않았던 내 길은
비록 살아가는 과정에서 부족했던 것이 많았지만
그래도 이것들은 다 내 재산인걸
내 삶은 내가 소중하게 엮어서 살아가는 과정인 것이다.

말은 꽃이다

모르고 멍청하게 살면 착해
그러나 잘못을 지적하게 되면
적이 되어 버린다

마음에 없는 말 해야 해
그래야 살 수 있다

예쁘지도 않은데 예쁘다고 해야 하고
멋있어요 약간 설탕을 발라서 말을 해주면 웃고

긍정적인 말을 현실적으로 맞게 해주는
것이다

쓴말은 나를 돌아보고 하고
달달한 말은 나를 죽이는 것이다.

소풍

좀 한가해 지는 여유는
마음을 쉬게 한다
오늘은 가을을 보러 갈까 하고
남편이 있는 방문을 살짝 열고

오늘 점심 밖에서 먹을까?

대답이 없어

그냥 문을 닫고 식탁에 앉아 티비를 보고 있었다

다시 한번 방문을 열고
나 밖에 나가서 점심 좀 사줘
응?

다시 방문을 닫고 10분 기다리다가 아무런 대답이 없었다

그래도 나 혼자라도 밖으로 나가고 싶어서 준비를 했다

베이지색 니트
베이지색 바지를 입고 나가도 춥지 않겠지

신발은 하얀색 단화
이렇게 나가도 괜찮겠지

한 번 더 물어보고 아무 반응이 없으면 뒷산이나 가야지 하고 다시 방문을 열고 또 물어보았다

운전하기 좀 그러면 나 뒷산에 갔다 올게 했더니

그래 가자!

나는 남편을 보고 웃었다

물을 끓이고 보온병에 믹스커피 담고
가을 소풍을 갈 준비를 했다

사실 남편이 좀 아프다

그런데 가을을 함께 보고 싶었다

자주 베이지 군청색이 들어있는 체크 남방 군청색 바지 검은색 점퍼 입고 한 손에는
자동차 키를 들고 나온다

얼마 전에 차 정비를 하더니
차 안이 깨끗하고 상쾌했었다

남편이 운전하는 옆 좌석에 앉아
예쁘다 예쁘다 혼자만의 말은 함께 보고 있는 가을이 행복하다는 내 표현이었다

중간쯤 달리던 차에서 내려 보이는 가을은 춥지도 덥지도 않은 날이었다

길 위에서 마시는 믹스커피는 달달한 맛이었고
떨어지는 낙엽들은 모아 모아 가을빛에
마르고 있었고

바람은 조금 더운 가을을 선선하게

만들어주고 있었다
남편과 함께 보고 있는 이 가을은 내년 이맘때쯤 추억으로
남아 있겠지

가볍게
불고기 백반으로
점심을 먹고 집으로 돌아오는 길에서는
말은 많이 나누지는 않았어도
함께 볼 수 있는 가을이 좋았다

따뜻한 내 하루였습니다
오늘은…

혼자 걷는 길

혼자 놀고
혼자 정리하니까
사설들이 들어오지 않는다
모든 일을 내 안에서 만들어지는 것이다

이제라도 선을 긋고
내 세상에서 꿈을 그리며 산수를 하고 수확을 하고 기분이 좋으면 따뜻한
따뜻한 사람들과

열매를 하나 따서 나누어 먹고
그렇게 살아야지

세상 밖은 어둡고 정신없고 어수선하다
진실도 없고 마음이 따뜻하지 않았다

내가 움직이는 만큼 말거리가 생기고
인식만 나빠진다

그들에게 아무 잘못도 하지 않았는데

돈 빌린 적 없고 밥 사달란 적도 없었다
사람은 사람들과 부대끼고 살아야 한다지만 말처럼 쉽지가 않다

시기 욕심 질투심이 모여있는 공간들
멀리하고 싶고
내 시간을 더 많이 만들고 싶다

좋은 말은 더 잘하고 싶고
거친 말은 도망가게 된다
따뜻한 친절은 더 다가가 싶고
따뜻한 충고는 관계를 더 깊이 길게 만들어 주는 것이다.

멈추지 마라

잘못된 것은 바로잡고 걸어가야 한다
처음이 잘못되면 꼬이기 시작한다
다 지우고 다시 쓰기란 큰 작업이다
하나가 멈추고 다시 하나를 시작해야 한다

내 마음처럼 되지 않는 일들이 생겼다
한 번도 순하게 길을 걸어 본 적이 없었다

육체의 노동 정신적인 스트레스는 안고 걷기가 버거웠다

그래도 살아야 하니 다시 서고 다시 또 일어서고 해야만 했다
능력은 여유가 없었다

내 직업이 점점 사라지고 나이는 늙어가는데 무얼 어떻게 해야 할지 모르겠다

불안하지 않으려고 산을 찾아가고 나무 그늘에 앉아있으면

마음이 편안했다

어차피 다 부질없다 해도 현실은 아닌 것 같아
넉넉하지 않으니 마음에 여유가 없어 불안한 거지

아무것도 할 수 없는 날이 찾아오면 어떡하지
그런 일은 없을 거야 난 아직도 건강하니까

그동안 잘 견뎌왔잖아

무서워 하지 말자 더 부딪혀보자
그리고 웃자 내가 강해야 살 수 있는 거잖아

날마다 하늘을 보고 기도한다
감사합니다
감사합니다
감사합니다
감사합니다

다섯 번을 기도한다
산에서 내려올 때는 웃고 내려온다

그동안 고생 많이 했잖아
이제는 쉬엄쉬엄 가라고 그러는 거야

내 뒤를 돌아보면 일하는 모습만 보여
공장에서
그런 날은 이제는 글이 되고 시가 되잖아 하고 나 스스로 달랬다

어쩌면 이 행복도 내게 큰 선물이지

근데 내 심장 맥박이 급하게 뛰지 않아
내가 급하게 걷지 않아서 그런 가봐.

도토리

아버지는 나를 부를 때
도톨아 하고 불렀지.
그럼 나는
왜 하고 대답을 했지
산길을 걷다 보니
도토리가 바람에 여기저기 떨어져 있기에
한 개 두 개 모아 놓고
나도
도톨아 하고 불러본다
지금도 그곳에서
작은딸을 도토리라고 부르는지
잠깐의 산책길에서
아버지와 나의 추억을 만났다.

투명

밤새 눈이 내린다
방문 창호지에
어설프게 비치는
하얀 빛

밤새 내리는 눈빛 때문에
어둠은 보이지 않는다

눈을 뜨고 방문을 열어보니
하얀 그림밖에 보이지 않았다

아침은 하얀 그림을 보내는데
색칠은 사람들이 한다.

춤을 추는 가을

오늘 하루를 어떻게 보냈니

나는 오늘
산속 카페에서 아기 단풍잎이랑
가을 이야기를 했지

카페 창밖에서는
가을을 몰고 가는 바람이
자꾸자꾸 창을 두드리기에

아기 단풍잎을 모아 놓고
가지 못하게
내가 잡고 있었지

아직도 산속 가을은 떠나지 않았다
가을바람에 춤을 추는 낙엽을 보았다.

산책 길에서

오늘 하늘은 먹구름이 가득하구나
우산을 가지고 갈까
그냥 갈까
그래도
늘 가던 길이라 마음은 편하다
걷다가 중간쯤에서 비가 내리기에
카페에 들어가 잠시 비를 피하고
따뜻한 커피 한 잔도 마시고
나뭇잎이
바람에 흔들리는 그림도 보고
하늘도 사람의 마음처럼
우울한 건가
그래서 비가 내리는 건가
아주 작은 이슬비가 내린다
돌아가는 길에 우산을 쓰지 않았다
그냥
비를 맞고 싶었나

가끔은 비를 맞고 걷고 싶을 때가 있었다
너희들도 그렇지
그래야 꽃이 피는 거니까.

인왕산 겨울

오늘은
네가 춥다고 하길래
갈까 말까 했는데
그냥 너를 만나러 갔지

골목길을 돌아설 때
너는 차가웠지

내 속으로 한 발짝 한 발짝 들어설 때
너도 나도
따뜻한 포옹을 하고
추운 것을 몰랐지

내 심장은 따뜻해지고
너의 뒤에서는 따뜻한 햇볕이
너와 나를 안고 있었어

겨울바람은 차갑고 내 얼굴은 싫어도
따뜻한 심장은 늘 걷고 있잖아.
무무대에서.

11월의 생일날에

늦은 가을 친정집 텃밭은
가을이 되면 내 어머니 사랑들이 주렁주렁 감이 익어간다
감나무마다 맛도 다르고 생김새도 다르다
남편과 나는 예쁘고 맛 좋은 감을 따서
자루에 넣고 있는데
느그들 뭐하나
그 감은 안 돼야
그 감은 군부대 경찰서에 보내야 해야
나는 남편과 그 감을 반납하고
저녁밥을 먹고 다시 감을 따러 갔다
남편이 좋아하는 대봉감을 따서
마대자루에 감을 담고
차 트렁크에 실어 놓고 집으로 들어설 때
느그 어디 갔다 오냐
아니여
잠깐 소화시킨 겸 미 실 갔다 왔어

내 어머니는 늘 아들 바보였다
가시는 날도 장남 차남 막내 남동생
걱정뿐이었다
돌아오는 길에 그냥 이해해야지
내 어머니니까.

집으로 가는 길

그해
토요일 오후 작업을 일찍 끝내고
충무로에 있는 대한극장에서
집으로 가는 길
영화표 한 장 예매해 놓고

극장 앞에 벤치에 앉아서 마시는 커피 한잔은
내게 천국이었다

뭐 먹을래
어디 갈까
이런 말이 필요 없었다

나 혼자만의 즐거움
나 혼자만이 알 수가 있다

영화 내용보다

나 혼자서 영화를 찍고
듣고 보고 대답을 해야 하는 것보다

나만의 시간이 좋았다
집으로 돌아오는 길은
전도연의 집으로 가는 길보다
더 영화 같았다

내 주말은.

쉬고 싶다

며칠 일이 바쁘고 며칠 동안 잠을 못 잤다
이른 퇴근길에 동네 구멍가게에서 막걸리 한 병을 사 들고 와
빈속에 마시고

딸아이의 방에서 취한 채 잠이 들이고
잠결에 부엌에서 설거지하는 소리가
방문 틈 사이로 들어오고 있었다
방문을 열고 나가니
작은 아이가 설거지를 하고 있었다

동국아 엄마가 잠들었나봐
아빠 밥은
라면 끓여 먹던데

이제 아빠도 알아서 한 끼 정도는 알아서 먹어야지

내가 할세

다 했어

조금은 미안하고 했지만
의자에 앉자서 작은 아이의 모습을 보면서
세상에서 가장 귀한 선물을 받았구나

엄마
나 운동 갈 거니까
밥도 해놓았으니까
밥 먹고 출근해

남편은 내게 한 번도 설거지하는 모습을 보여주지 않았다

내 작은 아이는
그 동안 나를 바라보고
남편을 바라보고 있었던 거지
가끔 게으름도 때론 필요하구나

오늘밤도
가로등 불빛은 나를 기다린다.

내 어머니와 막걸리

학교 수업이 끝나고 집으로 돌아오는 길은 배도 고프고 허기지기도 했다
엄마
뭐 먹었어
물 마셨다
엄마는
늘 힘든 삶을 살고 있었다
외롭고 쓸쓸함을 막걸리 한 잔에
마음을 달래고 살았다
힘든 하루 하루가 삶을 조금이라도
잊고 싶었겠지
엄마
뭐 먹었어
물 마셨다
그렇게 대답을 했었다
그 마음을 알기까지는
너무도 많은 시간이 걸렸다.

비가 내린다

오늘은 토요일이고 해서
냉면 주문을 했다

배달하는 아저씨는 빗물에 흠뻑 젖은 채로 냉면을 가지고 오셨다

에이 오늘 비가 온다고 했나
카드기가 젖으면 안 되는데 하시면서
혼잣말을 한다
우비에서는 빗물이 뚝뚝 떨어진다

그래요
아저씨
내가 비를 맞고 싶어서 맞나요
갑자기 하늘에서 내리면 맞죠
나 혼잣말은 중얼중얼 하고

내 작업장
창문밖에 서는 은행나무만 비를 실컷 맞고도
아무 말도 하지 못한다

남편과 나는 빗소리만 듣고 있다.

아들과의 잠시 이별

엄마 나 군대 가!
오늘 새벽 6시에 병무청에 들어가서
클릭했어

근데 연락 왔네

잘됐다

엄마는 내가 군대 가는 게 좋아

그럼 어차피 가야 하잖아

3월 초봄 너를 군부대에 맡기고 돌아올 때
누나는 울고 엄마는 웃었다

엄마는 동국이 군대 보내고 눈물도 안 나

어차피 가야 하는 거란다
집으로 돌아온 남편은 소주 한잔 하며
우울해 한다

왜 마음이 아파

너는 군대를 몰라서 그래

나는 웃고 말았다

시간이 지나 훈련이 끝나고 백일면회
갔을 때
병사들 속에서 동국이를 보았다
군기가 잡혀 앞만 보는 모습에 눈물이 났었다

엄마 훈련받아 보니 시간이 너무 빨리 가더라
시간이 가는시도 놀랐어

잠깐의 면회는 금방 지나가고
동국이를 두고 오는 길 나는 노래를 부르고 누나는 또 울었다

이것은 연습이야
언젠가는 부모 곁을 떠나잖아
그래도 너를 볼 수 있잖아
가끔
사랑해 동국아!

마음속에 호수

내 마음속에 있는 호수는
한 번도 눈물을 흘린 적이 없다

비가 내리면 비를 안는다
바람이 불면 눈물을 말린다

내 마음속에 있는 호수는
어제 일들에 오늘의 일들을 얹고
호수 깊은 곳에 묻는다

시간이 지나면 기억에서 멀어지고
다시 비가 내리면
태연하게 비를 안는다

나는 비를 좋아한다
내 속에 있는 이야기들을 얹고
바람 타고 증발한다

그래서 살 수가 있다
내 마음속에 있는 호수는 울어도
눈물이 보이지 않는다

호수가 눈물인 것을.

약속

오늘 아침 하늘에
해님 얼굴을 그려놓고
방긋 웃는다

지나가는 들고양이는
나를 바라보며 멈칫한다

나는 너를 잡지 않아
오늘 하루를 만나러 가는 길이야

그곳에서는
나를 기다리는 친구가 있단다.

새벽별

어디를 갔다 왔어

하늘 아래
어두울까 봐
별을 심어 놓고 왔지

해가 뜨면
별은
너의 가슴속에 있을 거야.

가을비 내리는 날

반소매 원피스를 입고
춥다
나 혼잣말로 한다

바람은 불고
비를 맞은 내 발은 시리고

늘
이렇게 시린 삶을 산다

신호 대기에서 기다리고 있다

따뜻한 곳으로 가야지
내 집으로.

박꽃

네가
아무리 고운 빛으로
유혹해도 못 간단다

지금 나는
고운 옷소매 끝에
박꽃을
꿰매고 있단다.

혼자였다

길고 긴 살의 길을 걸으면서도
그냥 웃는다

철야의 작업을 마치고
새벽 첫 버스를 타고 집으로 오는 길
우산 질질 끌고 졸린 눈을 깨우면서
현관에 들어설 때 나는 혼자였다

잠이 든 집은
아무도 나를 반기지 않았다

내가 혼자였어도
너도 혼자였으니
너도 나도 혼자였다
삶의 침묵은 혼자였다.

노을 속을 걷는다

서쪽하늘 지는 노을 보면서
아버지는
토방에 앉아서
남은 소주를 혼자 마신다

아버지의 삶도 지는 노을처럼
소주 한 잔에 삶을 이야기하고
아버지의 얼굴에는 어느새 노을이 지고 있다

노을 지는 길을 걷다 보면
노을 속에
아버지는 소주 한 잔에
삶을 달래고 있다.

상처

어린 시절
국민학교 가는 길에
그 누군가가 풀과 풀을 묶어 놓고

그것도 모르고 달라다가 넘어져
돌에 무릎이 패고
피가 흘러내릴 때
작은 손으로 닦고

학교 우물가에서 물로 씻고 교실에 들어설 때
내 상처를 보는 친구는 없었다

쓰리고 아픈 것은 나만이 알 수가 있다.

그러지 말아요

내가 명품 옷을 만드는 데
36년이 걸렸고

내가 나를 기다리는 시간이
내가 소중하다고 걸리는 시간이
56년 걸렸습니다

나를 아는 사람은 절대 없습니다
다 지나가는 바람입니다

그곳에서는
나 혼자밖에 없었습니다
오늘도 혼자였습니다

그래서 말들의 말은 바람입니다.

선물

가지 마라 가지 마라 했어도
나는
사랑 하나만 보고 갔지

그러나 밑진 장사는 아니었어
선물을 받은 거지
남편에게서

나를 닮은 내 사랑들을
나는 엄마가 제일 좋아

더 이상
무슨 선물이 더 필요할까
내 삶 속에서
내 아이들은 빛이었다.

빛은 내 가슴에

지는 해가 있으면
뜨는 해도 있지요

추운 겨울 아무도 없는
산책길을 걸어 본 적이 있나요
그 길에는 새벽을 밝히는
아침이 서서히 옵니다

그러면 나는
그 빛을 가슴으로 안습니다
새벽 차가운 바람을 빛에 데우고
따뜻한 바람이 나를 않았습니다

그래서 겨울이 아닌
따뜻한 봄을 안았습니다

봄을 안고 돌아오는 길에
나는 살고 있었습니다.

기다리는 연인

안개꽃을 안고
미소 짓고 있　그녀는
누구를 기다리나

미소 짓는 얼굴은
안개꽃보다 아름답다

두근거리는 마음은
그대를 부르고
기다리는 동안
뛰는 심장은 그대 귀에 들릴까

먼발치에서
다가오는 그대는 내 사랑
나의 빛이었다

내 마음은 벌써 그대를 안고 있다
사랑한다고.

동화 속 주인공을 만났다

어린 소녀가 어두운 곳에서
혼자 떨고 있을 때
천사는 달빛 그늘에 앉아
소녀를 바라보며
빛을 보내고

불안한 마음을
달빛이 데리고 간다

어린 소녀는
달빛에 앉아 있는 천사와
잠깐 친구가 되고

기억에서 추억을 깨울 때
동화는 전설이 되고

늦은 퇴근길
하늘에 떠 있는 달빛에
동화 속에 천사를 만난 것처럼
발길 멈추고

동화 속 주인공을 만났다
나를…

내 작업장에도 봄은 오고

이화동 내 작업장에
봄이 왔다
노랑색 원피스는 개나리꽃
분홍색 블라우스는 진달래꽃
하얀색 블라우스는 벚꽃
이렇게
이화동 내 작업장에는
봄이 왔다.

노부부의 봄

할아버지
할머니
봄 만나러 나오시는 날에

할아버지
개나리 줄기 만지며
개나리 하신다
할머니 뭐라고?

할아버지 개나리~!
할머니 개나리 개나리~!
하고 따라 하신다

나도 뒤에 따라가며
내 마음속으로
개나리 개나리 하고 웃는다.

어린 시절 풍경

학교 수업이 끝나면
저녁 땔감 구하러 산으로 간다

솔방울 장작개비 어린 손으로
한 개씩 한 개씩 주워서 요소부대에다
담고
내 키보다 큰 땔감을 머리 위에 얹고
산 아래를 천천히 내려온다

검정 고무신은 자꾸 발을 벗어나려고 한다
멈춰서 다시 신고 또 다시 신고 한다

가난한 집 딸은 학교숙제보다 공부보다
먹고 사는 법을 배운다

가난은 창피한 것보다
어린 나이에 힘든 삶을 가르쳐 주었다

그 아이는 가난을 원망하지 않았지
그저 주어진 삶을 열심히 살고 있을 뿐

지금도 산을 오를 때면
소나무 솔방울을 보면
그때 그 아이가 생각이 난다

지금은 중년이 되었지만 그 선한 마음은 늙지 않았다.

진달래꽃

진달래꽃이 피는 봄이 오면
시골 소녀의 마음에도 봄이 온다
꽁꽁 얼었던 겨울
홍시 같았던 내 동생 얼굴에도 봄이 온다

진달래꽃 꺾어다가
봄을 안겨준다
내 어머니에게.

유채꽃 필 무렵

봄이 오는 텃밭은 유채꽃이 핀다
유채꽃 애기잎을 따다가
조선간장 참기름 한 방울 두방울

내 아버지 들일 끝나고
허기진 배를 막걸리 한잔이 취하게 한다

아버지 술상에도
유채꽃 피는 봄이 왔다.

열한 살, 4월의 봄

봄 농사가 시작할 때쯤
열한 살 어린아이는
학교를 가지 못한다

이따가 공열이네 밭으로
동생 젖을 먹어야 하니까

와라잉

응

내 등 뒤에서 잠든 동생을
봄바람이 깨우고
저 멀리서 엄마가 달려온다

배고픈 동생에게 젖을 물리고
엄마의 행복한 시간이 시작되었다

사월의 들판은
누가 그림을 그려놓은 것처럼 예쁘기만 하고

학교에 있어야 할 열한 살 어린 소녀는
꿈도 희망도 모르는 채
나뭇가지 꺾어 고개 숙이고
땅바닥에 낙서만 한다.

시간이 멈추었다

시간은 지나가는데
너는 아직도
지난 이야기만 하며 그곳에서 오지않는다

오늘도
지난 일들만 생각한다

지난 것에 미안하다 하고
그곳에서 데리고 나온다

시간이 멈추었다
내가 다시
그곳에서 화가 났다

눈에 보이지 않는 곳으로
이제는 돌아가지 말자

지난 일들은 보내자.
크리스마스 선물

패딩을 검정색으로 살까
하얀색으로 살까

내 손은 하얀색으로 갔다

딸아이가 퇴근하기만
기다렸다

엄마 검정색이 때가 안 타는데

어차피 삶도 때가 탄단다
지울 때도 있지만.

삶도 저 배처럼

배를 보면
바다를 보면
내 삶의 세월이 떠오른다

바다에 떠 있는
저 배처럼
흔들릴 때가 있었지만

저 배도 세월 따라
목적지에 닿으면
바다와 힘겹게 싸우지 않겠지.

내 어린 시절

돌멩이를 토방 밑에 옹기종기 모아 놓고
나 학교 갔다 올게
돌멩이에게 인사를 하고
아버지 자전거 뒷자석에 타고 학교로 간다

농번기가 끝나면
마음이 조금 불안해지고
자전거는 빨리도 달리고 다시 학교에 간다

아버지는 교무실로 들어가고 나는 교실로 들어갔다
아이들은 나를 쳐다보고
내 책상과 의자는 없었다

한쪽에 서성이고 내 손만 만지작만지작
하고 있었다
담임 선생님이 교실로 들어오셨다

이인희 여기 앉아

나는 내 자리가 아니라서 앉지 않았다

이인희 여기 앉아

큰소리로 말을 하고 나는 고집 부리다
회초리로 팔을 맞았다

아픈 곳보다 창피하고 서러웠다
책상 의자에 앉아 옆 친구 교과서를 보고 같은 페이지를 펴놓
고 보니 진도는 저만큼 가 있고
나는 고개를 숙이고 눈물만 흘렸다

늦은 가을 곧 겨울이 겨울방학이 시작되고 곧 졸업이 시작되고

난
졸업식에 참석하지 않았다
육학년 졸업식이 끝나고

같은 동네에 사는 상열이라는 아이가 우리 집으로 찾아왔다

누나 이게 누나 졸업장이지
상열이란 아이가 내 졸업장을 들고 있었다
나는 그 아이에게 졸업장을 받았다

교무실 청소하는데
쓰레기통 속에서 있었어
내가 가지고 왔어

나는 아무런 말을 하지도 못하고
졸업장만 바라보고 있었다
먹물 튀기고 구겨진 졸업장이었다

제대로 된 신발도 신어 보지도 못하고
터널에 갇힌 채 어두운 곳에서 그림자처럼 살고 있었다

이제는 내 발에 맞은 신발을 신고
세상 밖으로 한 발 한 발 나가고 싶다.

불안정한 내 삶

동국아 이따 저녁에 봐
뭘 저녁에 봐
내일 아침에 보잖아 맨날

바쁘게 밤늦도록 공장에서 일을 하고
집으로 돌아오면 새벽 한 시
애들은 잠들어 있었고

나는 아이들 숙제를 확인하고
준비물 확인하고 대충 치우고 나면
새벽 두 시가 넘는다

작은아이는
엄마 아빠한테 돈 많이 벌라고 하고
다시 신문배달 하고 집에 있으면 안 돼

불규칙한 공장 일 때문에 불안하고
힘이 들었다
누나가 학교 수업 끝날 때까지 교실 밖에서 기다리던 동국이
는 혼자 있는 시간이 많아서 우울했었다

공장일이 바쁘지 않으면 늘 같이 있어
주려고 노력했고
아이들과 시간을 같이 보내며
늘 미안한 마음으로 살았다

그런 시간 속에서 아이들은 정말
잘 자라 주었고

지금도 아이들은 지난 추억을 마음속에 접어놓고 가끔 누나
랑 이야기하며 추억을 함께 나누어 갖는다

아이들을 보면 늘 미안한 마음뿐이다.

귀여운 할머니 수다

옹심이 한 그릇 먹으려고 식당에 갔었다
옆 테이블에서 식사 중인 할머니들이 계셨다

난 할머니들의 대화를 듣고있었다
할머니 한 분이

이거 파카 2,800,000원인데
세일해서 1,800,000원 주고 샀지
영감 바지도 세일해서 490,000원 줬지

듣기만 하던 할머니들은 고개만 끄덕끄덕하셨다

뭐 한 번씩 사 입는 거지

난 마음속으로 말했다
그래야 경기가 살죠

식사를 다 하시고
식탁에 10,000원씩을 꺼내놓고
갈 준비들을 하신다

난 또 마음속으로 말했다
기분 좋게 옹심이 값도 내주시지
예쁜 옷도 사셨으니까

이야기를 들어 줄 수 있는 친구 한 명만
있어도 외롭지는 않을 것 같아.

환한 꽃을 들고

카페로 아저씨 아주머니들 웃으시면서
들어오신다
자리가 좁아 보여 벌떡 일어나 자리를
내주고

이 탁자 붙어서 앉으세요 하면서 일어났다

아이고 고마워라
우리가 대구에서 올라와서 잘 몰라서요

근데 이 하얀 꽃 어디서 다들 가지고 오셨어요

결혼식 끝나고 버린다고 해서 아까워서 가지고 왔지
이 꽃이 3천만 원짜리여

그럼 내가 달라 하면 안 주겠네요
비싸서요
모르는 사람들끼리 웃고
카페에서 나오는데

아줌마 고마워요
네~

내 기억에 저분들은 꽃을 든
아니 행복을 안고 계시는 분들로 기억하겠지

저분들도 나를 기억하겠지
서울 아주머니로.

내 세상은 내가 만든다

더 깊어지면 생각이 복잡해진다
깊게 들어가지 말아야지
엷은 생각이 어쩌면 단순할 수 있다
그 지금 당장 아무것도 보이지 않는다고 답답해 하지 말자

더 남은 미래는 생각하지 말자
받아들이고 그렇게 살자
다시 일거리가 없고 하루하루 멍하니
시간만 보내고 있지만 좋은 날이 올 거라는 희망으로 살자

곧
10월이 오면 가을이 오면
난 기다린다

타고난 욕심이 많았더라면 아마 나는 나 혼자일 것이다
내 따뜻한 공간 안에서
내 아이들 건강 모습
족하지 않은 내 시간

뭐든 할 수 있는 건강한 눈 다리 생각 이것만으로 감사하자

다시 개정판 준비 중이지만
이 또한 내 능력인 것을

세상은 진실을 원하지만 살다 보니
그렇게 쉽게 다가오는 것이 아니었다
나이만 먹고 생각은 변하지 않았기 때문이지

사람 관계가 아름답다고 써있는 걸
글을 보았지만
세상을 똑똑하게 사는 방법을 아는 사람들 이야기인 것을

힘들 때는 기대고 싶고 따뜻한 말이 필요하지만 쉽지 않은 대답이었다
좋은 사람 만나기란 정말 에너지가 많이 필요한 것이다

사람들의 숙제는 혼자 풀고 정리하는 것이다

우물 안에서 살다가 세상 밖으로 뛰어나고 보니 이리 갔다 저리 갔다

다리만 아프고 머리만 아프고

돈이 얼마나
행복하게 만드는 존재라는 것도 알고 가난한 사람은 단체 활동이 부담되는 것도 알게 되었다

학교 공부 다 어려운 게 사회생활인 것
같았다
내 세상 안에서 힘든 시간이었다

다시 돌아 소소한 일상을 보내지만

그래도
행복하고 좋다
사는 날까지 잊지 못할 사람들도 많지만

먼 훗날 그런 시간들을 후회하지 않을 것이라고 생각한다

세상은 계산이 철저하고 손해를 보지 않으려는 생각들이 가득했다
그렇다고 빚을 지고 살지는 않았다

대가가 있어야 연결고리가 이어지는
세상이다

배움이 그리웠던 내 생활 때문에 세상 밖으로 나오게 되고
좋은 사람일 거라고 생각했지만
나는 사회생활이 부족하다는 말을 여러 번 들었다

세상은 그랬다
얼굴 없고 이름 없는 유령들 있었다
마음을 다치게 할 수는 공간들이었다

다 내 부족함이었고 배우지 못한 환경 때문이었다

다시 내게로 돌아온
내 작은 공간 안에서 오늘도 글 한 줄 쓸 수
있는 능력에게 감사하다.

선물

내 어머니는 한 번도 공부라는
말을 하지 않았다

글 쓰는 모습을 보는 내 큰아이는

엄마 이것!

필통과 볼펜이었다

엄마 볼펜이랑 샤프랑 필통이야!
샤프는 심만 넣어 쓰면 돼

지은아 고마워~
응, 엄마
열심히 글 쓸게~

내 큰아이는 나에게 힘을 주었다

부모님은
나에게 딸 지은이를 선물해 주었다

내 부모가 계셨기에
내가 존재한다는 것을.

새해를 맞이하며

나는 새해도
건강한 마음으로 살겠습니다

삶이 달라질 것이라는
생각은 하지 않을 겁니다

노력한 만큼
아니 노력해도 안 될 때에는
마음이 힘드니까요

그냥 하루하루를
나의 삶을
일기로 시로 쓰고 그렇게 그렇게 살고 싶습니다

좋은 사람으로
기억되는 것은 어렵지만
친절한 사람으로 살고 싶습니다.

우울증

어둠 속에 갇혀서 혼자만의 전쟁을 치른다
가는 길도 잃어 버리고
머릿속엔 온통 검은 그림자
하루하루가 힘들었던 나날들

잠을 잘 수가 없어서
어두운 새벽 산 정상을 타기 시작했다
그곳에서도 나는 또 전쟁을 치러야 했다

나는 어두운 곳에서 나오고 싶었다
보이지도 않는 그 무언가가 나를 쫓는 것처럼 힘들었던 시간들

내 아이들의 얼굴은 흐린 얼굴로 나를 바라보고 있고
나는 슬펐다

하루를 살더라도 보이지 않는 것에 주저앉지 말자
그렇게 나를 가만히 두지 않고
다른 곳으로 끌고 가야만 했다

새벽에 신문배달을 하고 배달이 끝나면 아침에 아이들 학교
에 보내놓고 부업을 하고 그렇게 바쁘게 살았다

긴 시간이 흐르고
내 딸아이는 엄마 웃는 얼굴 오랜만에 봐
그 말을 잊을 수가 없다

인생의 길에서 만난 터널 안에도
공기도 있고 물도 있고 꽃도 피고 있었다

저 멀리 터널 밖에서 보이는 빛은
나를 밝은 곳으로 나갈 수 있게 방향을
잡아 주었다.

파란 하늘

파란 하늘이 어린아이 눈 같아
침 흘릴까 흰 구름 한 움큼 따다가
턱받이 하고

애기 웃는 것처럼 해맑다
바람도 가까이 가지 못할 만큼 맑다

하늘이 애기를 안고 있다.

아무 생각하지 말고

샛길로 빠지자
그래도 돼
그동안 앞만 보고
내 몸을 일만 하게 하고
노예처럼 살게 했어

그냥 아무 생각 하지 말고
샛길로 빠지자

혼자 놀면 더 좋아
내 생각만 하면 되니까

날씨도 좋고
어디든 가보자
이제는 일만 하기 싫다.

나는 이렇게 살고 싶다

사랑을 믿지 마라
그곳은 감옥일 수도 있단다

사랑이란 점점 퇴색되어
눈에서 멀어지고
다른 세계에서 놀고 있더라

사랑이란 것에 집착하지 마라

나를 키워라
내가 큰 나무처럼 자라서
사랑이 무엇인지 보여주어라

나는 이렇게 살고 싶다.

버스 안에서 창밖을 보며

새야
새야

나뭇가지에 앉지 마라
그 나무는 힘들단다

나뭇가지를 흔들리게 하지 마라
그 나무는
옷을 다 벗어 버리고
줄 게 없단다.

겨울새

네가
아무리 울어도
겨울은 간단다

꽃이 피는 봄이 오면
겨울을 잊는단다

그래야 살 수가 있단다.

나는 꽃이 아니었어

향기가 없었을 거야
그래서
기억을 못 했을 거야

옆에 있어도
향기가 없어서
기억을 못 했을 거야

나는 꽃이 아니었어

이미 다른 꽃에 마약처럼
중독이 되어 있었던 거야

중독이 되어서
향기를 거부한 거야.

그해 가을은 겨울이었다

작년 가을에는 네가 너무 미웠어
가을 드라이브를 하면서
나는 창밖에 가을을 보고
너는 다른 곳을 보고 있었어

산길을 같이 걸었을 때 앞만 보고 갈뿐
내 손을 잡아 주지 않았어
내 마음속은 겨울이었어

마주 앉아 식사할 때도
아무 말 없이 고개만 숙이고 밥만 먹었지

너의 등 뒤에 있는 국화꽃이
너무 예뻐서
나는 국화꽃만 쳐다볼 수밖에 없었지

너는 다른 곳을 바라보고 있기에

나는
작년가을에 핀 국화꽃만 쳐다보았지.

정상을 바라보며

금방이라도 다가설 수 있을 만큼
가깝게 보여도
다가가 보면 멀고도 먼 길

손으로 잡고 싶어도
잡힐 듯 말듯

그래서 쉬어가라고
봄
여름
가을
겨울
그래서 쉬어가라고.

노동

좁은 어깨를 가슴에 묶고
콧노래 부르면서

스쳐 지나가는 바람 속에서 파스 냄새가 난다

어두운 새벽길을 밟고 가는 길
아무렇지 않은 듯
콧노래 소리는
아저씨 등 뒤를 따라간다.

다람쥐

주인님을 기다린다
언제쯤 나올까
노크를 해볼까

아니
조금만 기다리면
내 식사를 챙겨줄 거야
어제도
그제도
그랬으니까

선

저 다리를 건너면
또 다른 세상이 있을까

힘들 때에는
현실에서 벗어나
내가 보이지 않는 곳에서
또 다른 삶을 살 수가 있을까

마음속에서 나를 숨겨본다
어디든 갈 수 있을 것 같아요

다시 내게로 돌아오는
나는 내가 만든 길 걷는다

결국 잡는 것은 나인 것을.

부부 싸움

어두운 퇴근길 골목에 내리는 비를
맞고
너와 나는 앞만 보고 걸어갔다

비가 내리는 날에는 우산을 쓰고
바람이 불면 맞을 수밖에 없었다

그래도 한 번도 삶을 불평하지는 않았다

아침이 오고
어제는 잠깐 슬펐던 마음을
봄비가 가져가고 아침은 해가 맑았다.

봄 안에서

겨울을 보았다
하늘에서 흰 눈이
펑펑 내리고

아지랑이도 놀라
다시 눈을 감는다

나도 놀라
하루 종일
내리는 흰 눈만 쳐다보았다.

찔레꽃

시골 학교 논두렁 저수지 갈가에
찔레꽃이 피는 봄이 오면

한 움큼 꺾어서 꽃병에 꽂아놓고
초라한 시골학교 교실은
그렇게 봄이 오고 있었다

선생님은 밝은 미소로 나를 웃게 했고
나는 수줍은 미소를 보냈다

지금도 찔레꽃을 흔하게 볼 수는 없지만
아련한 그 추억 속에서 지지 않고 있다.

이만 원

이어폰을 귀에 꽂고 채팅을 하다
한 정거장을 더 가버렸다
얼른 일어나 다음 정거장에서 내렸다

뭐
날씨도 초봄처럼 좋았고

내 앞에서는
할아버지가 한 손에는 지팡이를 짚고
한쪽 손은 불편해 보였다

주머니에서 이만 원이 땅에 떨어졌다

돈을 주워서
할아버지 돈 떨어졌어요
드렸다
할아버지는 고맙다 하며 인사를 했다

할아버지 돈이잖아요

어쩌면 내 동네에서 내렸으면
할아버지는 그냥 지나갈 수도 있었겠지

아니 다른 이 주워줄 수도 있고
나 혼자만의 즐거움이었다.

정전

어두운 계단을
창문에 빛은 그림자를 받으며
한 계단 한 계단 걸어 올라갔다

다리는 힘이 빠지고 숨은 가프다
18층 현관 옆에 신문을 내려놓고
계단 철봉을 잡고 천천히 내려온다

정전이 되어 버렸다

1층에서는 아우성이다
배달하는 사람들의 잘못이라고 한다

신문 배달이 끝나고 집으로 오는 길
내 자신에게 묻는다
왜 이렇게 사느냐고
답은 들을 수 없었다

집으로 돌아오는 길은 힘이 들고 쓸쓸했지만
그래도 나는 살기 싫었다
우울증은 내게서 점점 멀어지는 걸 느꼈다

새벽하늘은 아침을 부르고 있다
나를 놓지 않고 있었다
하늘은
오늘도.

불면증

창문 틈 사이로 불어오는 바람이
내 얼굴을 시리게 하고

잠을 청해볼까 눈을 감으면
창밖 바람 소리에 뒤척뒤척대고

눈은 졸리는데
겨울바람이 자꾸 창문을 때려
잠을 설치게 한다

그래 그냥
바람아 놀자.

아쉬움

할아버지는
버스 계단을 한 발 한 발 천천히 올라간다
나는 뒤에서 천천히 따라갔다
할아버지는 중간 좌석에 앉는다

나는 다리가 아파서
중간에 앉아야 내릴 때 쉽게 내린다고 하신다

저기 저 하늘로 가야 하는데
부르질 않아서
90이 넘도록 살고 있어 하고는
힘없이 웃으신다

누가 뭐라 하지도 않았는데
듣고만 있을 뿐
아무도 답을 해주지 않는다

마음속으로만 건강하세요 했다
잠시 내 친정부모님 생각이 났다
조금 더 살았으면

나이 칠십 초반에 멈추어 버렸다
아버지 어머니 삶이.

휴식

내 집도 아닌데
카페에서 푹신한 의자에 앉아서
내 집처럼 다리를 쫙쫙 펴고
천장을 바라보면서

아~ 좋다
한다

커피 한잔에 취해
졸린 것처럼
거짓말처럼 눈을 감고 자는 척 한다

마음이 편하면 심장은 급하게 뛰지 않는다.

내 발자국

낯선 사람과
막다른 길에서 만났다

왼쪽 길은 패인 길이었고
오른쪽 길은 평지 길이었다
낯선 사람은 평지 길을 걸어간다

나는 고개를 숙이고
내 귀에는 이어폰을 꽂고 있었다
내 발이 천천히 걸어갔다

낯선 사람을
앞서서 걸어가고 싶지 않았다

그렇게
내 삶의 길도 천천히 걸어가고 싶다.

겨울 풍경

양지 밝은 산언덕에 앉아서
할아버지는 이른 점심 식사를 하신다
대봉 감을 잘라서 한입에 넣었다

나랑 눈이 마주치자 씨익 하고 웃으신다

소풍 오셨나 봐요?
네에!

할아버지는
겨울보다 봄을 안고 있었다
잘 익은 가을 한입을 먹고 씨익 웃는다

나를 보고
늘 건강하세요.

부암동에서

부암동 카페에서
조금은 작지만
창가에 비치는 사람들

자동차 지나가는 소리
밖은 회색빛이지만
음악 소리도 조용하게 흐리고

작은 창은
마침 소극장 브라운관처럼
영화를 보는 느낌이다.

아기 꽃망울

출근길에
병아리들은 뭐가 좋아서
짝꿍끼리 서로 손잡고 지지배배 지지배배 웃고 내 앞에 다가온다

뒤에 세 명에
아저씨 한 분이 입을 쩍 벌리고 하품을 한다

피곤하신 것 같았다
이 아이들은
언젠가는 이 무게들을 짊고 가는
아름다운 청년으로 한 송이 꽃으로 살아가겠지

이 작은 빛들이 큰 빛으로 세상을 빛나게 하겠지.

새벽 산책길에서

어두운 새벽 산언덕에
검은 개 한 마리가
어슬렁어슬렁거리며
내게 다가온다
뒤돌 서서 달린다
내 발이 그렇게 빠른 줄 몰랐다

성곽 밖으로 나와 따라오나 보고
숨은 차고 다리는 힘이 빠지고
다른 방향으로 걸어갔다

가로등 불빛에 비친
겨울나무 그림자가
너무도 예뻐서 사진도 찍고
나무 그림자랑 놀다가
검은 개 생각이 사라지고
나무 그림사를 밟으며 산길을 걸었다.

내 어린 삶은 가난했다

가난했던 우리 집은
농번기가 돌아오면

나는 다시 결석을 하고

가방 대신 동생을 업고
엄마가 있는 들녘으로
젖을 먹이러 다녀야 했고

내 앞날보다 엄마의 삶이 더 아팠기 때문에

나는 아무 말도 못 하고 희망 미래라는 단어도 몰랐습니다
내 어린 시절 가난은 아프지는 않았지만 늘 혼자였다

글을 배워야 할 시간에 동생을 돌봐야 했다
그런 시간이 한참 지나고 또 지나고 나서야
내 인생을 살아 봐야

오십 중반에
어린 시절 배우지 못했던 글을 배우고
꿈을 꾸었던 내 삶을 그리고 싶습니다

꿈은 나를 떠나지 않는다.

하루의 시작

아침 한줌 없고
나무들도 흔들림 없고

입김도
서서히 사라지면서
들리는 것

출근버스 지나가는 소리
새들 지저귀는 소리

어제 아침보다
오늘이 따뜻하다

곧
겨울은 간다.

봄

입김 모락모락 피어날 때
바람 따라 가는 길 향기 몰고 와
나도 바람 되어 따라가리
가다 보면 하늘에 구름 되어

꽃비 내리고
잠자던 님
따뜻 입맞춤으로 봄을 깨운다

아지랑이 눈가에 눈곱 떼어 주고
차가운 가슴 꽃 피울 때
눈이 부셔 쳐다볼 수 없는
아름다운 봄.

내 생에 가장 행복한 날에

만삭의 몸으로 미싱을 하고
힘든 내 몸을 안고
내 안에 아가에게 사랑한다 속삭였다

내가 힘들 때
내 안에서 밟고 손으로
나를 간지럽게 하고 웃게 했다

나는 너를 만나는 날만 기다렸단다
처음 너를 만났을 때
나는 마취에 깨어나 정신이 희미할 때
너는 내 옆에서 웃고 있었지

너와 나의 만남이 시작되는 날
내 생애 가장 행복한 날이었지

지금도 나에게는 가장 소중한 친구이지

엄마는
네가 태어나 처음으로 삶의 행복을 알았어.

틀 안에서

내 가슴 속에서 꽃이 핀다

내 발길은 정해진 데로 향했고
그 길을 벗어나지 않았다
꿈도 희망도 없이 그 길을 걸었고
뒤도 볼 수 없는 시간 속에서
내 삶은 변하지 않았다

내가 만든 책임 때문에 틀에서 나올 수 없었다

그러나 이제는 나를 찾고 싶다
이제는 글을 쓰며 꿈을 향해 한 걸음 한 걸음 다가가렸다.

목련이 피었다

목련꽃이 피면 봄이다
골목길에도
옆집 담장에도

내 마음도 목련꽃 향기에 반해
출근길 골목에서
내 마음을 빼앗긴다

저녁 퇴근길 가로등 불빛 아래에
목련꽃은 더 예쁘다

목련꽃 미소는 내가 가지고
집으로 간다

우리 집 마루에도 피었다
목련꽃이.

눈사람

눈이 내리니
너의 모습을 볼 수가 있구나

오고 가는 사람들은 너를 기억하고
봄바람이 불면 사라질 너의 흔적

잠깐의 추억마저도 기억하지 못하겠지
하지만
나는 여길 지날 때마다
너를 기억할 거야.

나만의 시간

마음이
답답할 때
나만의 시간에 빠져본다

한 코 한 코
뜨개질을 한다

완성되어 가는 과정을 보면서
혼자만의 행복한 시간이 된다

한 코 한 코 모아서
예쁜 가방이 된다

내 마음이 행복해진다.

내 작업장은

이화동은 쓸쓸하다
이화동 골목길은 바람이 차다
내 얼굴마저 춥다

내 작업장 가면 커피믹스는 달달하다
내 시린 손을 데워주고
믹스커피 한 모금에 마음이 따뜻해진다.

토요일 저녁에

늦은 토요일 저녁
창밖에 불빛을 내가 보일 만큼만 얻어와

마루에 깔고 앉자
막걸리 한 잔을 내게 따라주고
한 주 동안 기억을 잊는다

창밖에 불빛은 내 친구가 되어주고
나를 취하게 하는 것을 내가 먼저 알고
그냥 멍 때리며 혼자도 좋아

취한 지금을 알 일 없고 만날 일 없으니
내 마음 안아 주고 창밖에 불빛은
이 순간 지나면 잊는다
나를.

치자꽃

베란다에는
남편이 좋아하는 화초들이
일렬로 서있다

그중에 제일 뺀질뺀질한 치자꽃 잎사귀를 한 잎 한 따다가
발로 살짝 화분을 밀어버렸다
화분이 깨져 버렸다

아침 햇살이 마루에 놀러올 때쯤
남편은 터벅터벅 걸어나온다

베란다를 쳐다보고

누가 그랬어?

몰라?

아이 씨 하고 넘어진 화분을 정리한다

치자꽃은 아프겠지만
나는 어젯밤 더 아팠어
당신 말투 때문에

돌아서 살짝 웃는다.

퇴근길 남편에게

힘들면 벤치에
잠깐 누워도 돼

뭐 지나가는 사람들이
저 사람 왜 저래 할 수도 있지만
얼마나 힘들면 저럴까 할 수도 있어

왜냐면 힘든 사람들도 많아서
서로를 이해해 줄 수도 있어

나는
항상 너의 편이야.

신촌 극장에서

잠시 쉬어 가자
커피는 비록 쓰지만
인생은 달달할 때가 많지 않았을까?

갈 길 멀어
급하게 가지 않아도
시간이 세월이 우리를 데려다 줄 텐데.

자격지심

내세울 거 없어 초라하다
그들의 만나면 늘 그랬다

삶이 달라
그들의 말들에 칸을 어디까지 맞출까

주위만 맴돌다 섞이지 못하고
내 마음을 비우지도 못하고
서성이다가

내 공간으로 발길을 옮긴다.

휴식

한 주 동안
피곤하고 힘든 시간을 보내고

동네 카페에서
따뜻한 커피 한 잔에
피곤을 씻고

조금이나마
휴식을 취한다
낯선 사람들과 섞여서
덩달아 웃는다

내 오늘 하루가 따뜻하게 저문다.

버스를 타러 달려온 소녀를 보면서

뛰지 마

어차피
너에게 오잖아

뛰면 힘들잖아.

퇴근길에서

겨울비인가
가을이 가는 길에
슬퍼서 내리는 비인가

퇴근길 내리는 비는
낙엽들만 젖는구나.

야생화

보일 듯 말 듯
보이지 않는 곳에서

비를 맞아도
내 가슴 내가 말리고

바람 불면
혼자서 일어서고

어쩌다 빛이
나에게 오면 행복해 눈이 부신다

나는 야생화
이름 없는 꽃이었어도
어느 들판에서 아름다운 기억으로.

참새들의 합창

찬바람 부는
겨울 산

참새들이
어디에서 날아왔나

나뭇잎에 가려져서
보이지 않았나

옷을 다 벗어버리고
추울 텐데

참새들이
나뭇가지에 앉아
노래를 부르자
나뭇가지도 한들한들 춤을 춘다.

새벽 풍경

밤하늘 별들이
어젯밤 땅위로 내려왔다
가는 걸 잊었나

새벽이 되도록 가지 않고
새벽하늘 아래
별들이 어둠을 밝히네

별들의 속삭임
새벽이 되는 아침에…

산다는 것은 여행이다

삶이란
여행이 아닐까요

삶이라는 여행 속에서
살아가면서
만나고
헤어지고
추억하고

그렇게 여행을 하다가
종착역이 오면

다시 여행 속으로 떠나가는 거니까.

그해, 그 겨울

작은 내 공간의
품은 따뜻했고
상처도 따뜻했네.